Angela Finke • Erlesenes genießen mit allen Sinnen

ANGELA FINKE

# *Erlesenes genießen mit allen Sinnen*

*Gedichte*

FRIELING

*Für alle,*
*die eine Zeit meines Lebens*
*mit mir*
*geteilt haben.*

Bibliografische Information der Deutschen Nationalbibliothek
Die Deutsche Nationalbibliothek verzeichnet diese Publikation in der Deutschen Nationalbibliografie; detaillierte bibliografische Daten sind im Internet über http://dnb.d-nb.de abrufbar.

Rheinstraße 46, 12161 Berlin
Telefon: 0 30 / 76 69 99-0
www.frieling.de
ISBN (Print): 978-3-8280-3873-8
1. Auflage 2024
Bildquelle/Gestaltung: Archiv der Autorin, pixabay

Printed in Germany

# Inhalt

# Eine Cafésinfonie

## Eine tägliche Leidenschaft

Dürstend um dürstend
verlangt mir
nach dir.

Dein tiefschwarzer Anblick
wirft keine Falten
mehr
zieht mich herzklopfend
würzig das Aroma
in den Bann
erhellt meinen Geist und
läßt Gedanken Taten
folgen.

Lockend um suchend
rufst du nach
mir.

## Der Edle, Milde

Unter tropischem Plantagendach
deinen Ursprung fandst
gepflückt von schweißig'
Arbeiterhand
bist du nun
mit Sack und Pack
nach Europa
umgezogen.

Hochfein im Kuß und
mit schnellem Schritt
belieferst jetzt
eine Caféfabrik und
vielerorts
deutsch' Fachgeschäft.

Hast deinen Preis
zu Recht
und dennoch vielgeschlürft
liegst du gut verpackt
ganz schwindelfrei
in geräumigen Lagern.

## Von den Cafégenüssen

In jeder noch so
winzig Stub'
wirst du gepriesen
Schluck um Schluck
in warmer Hand
bestellt in kostbarer Tasse.

Kein Tag vergeht
an dem dein weicher
Schaum
ach' so viele Lippen
berührt
schwaches Blut in Wallung bringt
und deine Kraft flüssig in Form
heißgeliebt
auf allerwelts Zungen
zerrinnt.

## Ein Klassiker

Cappuccino
ist eine unglaubliche
Wonne.

Im Becher ruht 'ne
braune Pfütze
darauf thronen
aufgeschaumt
Milchflöckchen in Schneeuniform
und Kakaostreusel garnieren
die restliche Struktur.

Im Italienreich eine
Selbstverständlichkeit
läßt er auch bei uns
keine Wünsche offen
am Nachmittag beim
Paargespräch
in Ruhe
und bei Kerzenschein.

## Klein, aber oho!

Du edle Bohne
Tausendschön
dein knusperbraunes Kleid
wirft lange Schatten
weit voraus.

Wirst zerstäubt
zwischen hungrigen Rädern von
Mühlen
die dein Schicksal besiegen
um kochend und dampfend
stolz
vor des Menschen
Antlitz zu treten.

# Von den Backwaren

## Vom Kuchen und Gebäck

Viele Hände
greifen nach euch
ihr Kuchenkörper und
Puddingstückchen
liegt in reicher Anzahl vertreten
in des Schaufensters Licht
mit Nougat, Kokos, Eierlikör
gefüllt
und Himbeermarmelade bestrichen
wartet ihr geduldig
auf ein Sterben
in Zähnenischen.

## Hoheit von allen

Eine Hochzeitstorte
wohl wahr
ist eine Pracht
cremeschmelzende Teigschichten
auf vielen Stufen
dazwischen tauchen Kirschen
in Sahne
kandierte Rosen ins Glück
und Krokantblättchen umlagern
die feinen Schnitten.

Auf ihrem Haupt hält
marzipanig ein Pärchen
die Stellung
überwacht dunkle Streusel
Liebesperlen
und die knackigen Schokobohnen
bevor sie von des Gästen
gierigen Bissen
schnell
verschlungen werden.

## Ein Plätzchenschmaus

Süßer Krümel
kitzelst mir am Gaumen
die Trauer weg
lockst feinporig oder grobkörnig
mein Zauberlächeln ins Gesicht
verteilst dich in den
Zungenzellen
auch in Halses Tiefe
doch ich verschluck mich
mit dir nicht.

# Das Gewürzkabinett

## Nelkenknospengebet

Aus fernem Kontinent
dein Ruf
drang vor
altbekannt und neubewährt
zog ein herbsüßer Geruch
rein und sinnlich
die Leute an.

Wirst geschmeckt
auf Süßkompott, Pfannkuch' lacht
Mittagsspeis' mit dir
vollbracht
und vermischt in
Lebkuchenkugeln.

Erhitzest mein Gemüt
auf vornehm' Art
und leichtfüßig nebenbei
orientalisch im Geschick
zieht dein Name
weite Kreise.

## Etwas Besseres

Sieh an, sieh an
Liebling Vanille kommt
herbeigeschlichen
in ledernen Schoten
schwarzpünktig im Mark
schmiegsam
unter der Sonne Madagaskars
wohnend.

Allzeit bereit
den Backfrauen zu
dienen
im Zucker vereint
intensiv sogleich
für Kuchenkunst, Konfektansprüchen
und Milchallerlei.

## Orangeat und Zitronat

Zur Weihnachtszeit
sicher jedem bekannt
treiben
getrocknete Würfelchen
aus dem Pomeranzen – und
Zitronenland
ihre Entfaltung
im Adventsstollen
weiß von Puderzucker und
Gewürzkuchen vom Band.

Aus spritzigen Schalen
sonnigen Südobstes geboren
gelangt
Teilchen zu Teilchen
ins Backvergnügen verschiedenster
Sort’
feierlich
zu Ruhm und zur Ehre.

Cayennepfeffer
Anis
Kreuzkümmel
Lorbeer
Piment
Currypulver
Zimt

# Süße Aufstrichträume

## Konfitüre und Mus

Und immerfort
fruchtig und köstlich
schmiert Marmelade sanft
ein Brot
mit Quittenduft auch
Aprikosenschalen vergoren
legt sie ihre lichten Hüllen
auf Brötchen, Toast und
Scheibenleiber.

Selbst Pflaumenmus
ziert sich nicht
nimmt zähfließend Anlauf
und springt
auf des Schwarzbrots Butterschichten.

## Geleeauslese

Sehr fein und hell
fast jungfräulich
präsentierst du dich
zinnoberrot und seltenschwarz
im Johannisbeergerüst und
mildem Apfelklar.

Waberst siedend in Großmutters
Töpfen
später dann in Gläserflut
mit Namen etikettiert
und Schleifchen verbunden.

Wirst feilgeboten im kalten
Marktesstand
von rauher Hand
um geschäftig in Taschen und Körben
zu verschwinden.

## Honigschatzsuche

Geringer Klecks
mir schon genügt
deiner streichend weißlichgelben
Masse
herb bis verspielt
hast du mir den Tee versüßt
Desserts umsorgt
schon in Bonbons gelebt
und wirst auch als Met
verwendet.

Deine Existenz
in Waben gefangen
schenkt Heilkräfte und
Aufmunterungsworte
noch und noch.

# Schokoladige Naschereien

## Eine Dunkle, bitte!

Aus braunen Augen
lockt die Sehnsucht
schimmernd
in Falten von Glanzpapier
verkrochen
hinter Glas ausgestellt
mal rechteckig, mal rund
von Kinderhänden liebkost
und Erwachsenen gepriesen
ein vollkommenes Werk als
wertvoll bestaunt
gerührt von Schokoladenfeen
für unsere suchenden
Münder.

## Schokokuß

O süßer Traum
aller süßesten Träume
geheimnisvolle Schöne
dein goldbraunes Gewand
kleidet dich so fein
Heerscharen von Händlern und
Reisenden fielen
dir zum Opfer
bei deinem Siegeszug um
die ganze Welt.

Du polierst meine
Seele
löst Versprechen ein
die einst unausgesprochen blieben
glättest meine Wangen
spendest Trost mir in
schweren Zeiten
regst die schlafenden Sinne an
schmückest meinen Leib
und hast einen Platz in so manch'
Herzen gefunden.

## Von Toffees und anderen Kreationen

Hier und da
die zarten, kleinen
nehmen Platz
in ihrem heimeligen Schachtelversteck
eines weiß
das andere trüffelbraun
mit Marzipangirlanden verziert
und Baiserhäubchen gekrönt
küssen
sie cremend die Menschenlippen.

Nach Champagner duftend und
Zimt schmeckend
Anis, Minze auch Ingwer im
Gepäck
schenken sie den Genießern ihr
lieblichstes Lächeln
und versprechen die
heißesten Versuchungen
in Überzahl.

## Ein Genuß

Mit dunklem Samt
bestrichen
weich und zerbrechlich
in Erdbeersaft oder Kirschlikör
eingetaucht
ein Schmelz, der vorsichtig
tastend
den wartenden Zungenspalten verfällt
anmutig
verzaubert er beim bloßen Anblick
die Sprache
der Hoffenden, Glaubenden und
Liebenden.

## Aller Anfang ist schwer

Zuerst eine Bohne
noch so klein
in fremder Heimat nun
gelandet
wird zerrieben und gequetscht
kraftvolle Butter aus
ihr gewonnen
mit Sahne und Mandeln verfeinert
Zucker versiebt
geschüttelt, geschlagen und gedreht
in Form gegossen
erkaltet
dann zu
filigranen Königinnen und
Kaiserinnen veredelt
die in prächtigen Geschenkkästen
dankend ihr Zuhause finden.

# Käsearten und

# Wurstsorten

## Besondere Käsespezialitäten

Eine Sensation hat
das Licht der Welt
erblickt
es ist Greyerzer manchmal
Emmentaler
der nun spricht
im jungen bis zum
hohen Alter
immer mehr gereift
und sich versteift
zeigen pikantgelbe Geschmeidigkeit
scheibchenweise
ihr Gewicht.

In stattlichen Schweizer Naturgewalten
auserkoren
hat Bruch in Stoffnetzen
Kästen zerdrückt
im Salzbad
geduscht
und nassen Keller gehaust
seinen Sinn und Nutzen für
Feinschmecker bewiesen.

## Von den Wurstwaren

Wenn der Abend
beginnt
und man eilt zusammen
wundert sich Groß und Klein
über Paprikabröckchen in Mortadella
gesichtet, Pfeffer verkrochen in Salami
Gürkchen in Leberkäse
und die Sommerwurst
an sich.

Ein reichhaltiger Aufschnitt
in Stapeln
auf Silbertellerchen verstaut
becirct Messer
und die flinken Gabeln.

Hühnchen in Aspik
befindet sich im Dauereinsatz
schlägt Sülze auch
Gehacktes roh
zeitweilig
in die Flucht
im allseits getragenen Wettstreit
um des Fleischeslust.

# Etwas zu den Brotformationen

## Brot des Lebens

Aus Mehl, Wasser
Salz und Fett
schnell entstanden
ein Brot
gebacken hell bis dunkelblond
welch wichtig' Stärke
für unser Miteinand'.

Mit Sonnenblumenkernen
durchsetzt, Haferflocken bestückt
als Dinkel oder Mehrkornmischung
vorgestellt
verläßt du heiß
das Holz im Ofen.

Dein Laib
nahrhaft und sättigend
zugleich
wurde schon
unter Brüdern geteilt
Armen gereicht
und diente in Kriegsjahren
als Hilfe zum Überleben.

So danken wir für
dein Rezept
du unser aller
größte Freude bist.

## Ein Brötchenreim

Am Sonntagmorgen steht
Vater auf
schwingt sich aufs Rad
nimmt Hut samt
Schirm
und holt was sonst
zehn frische Brötchen
für den
Frühstückskauf.

Der luftig' Füllung
mal Rosinen beigemengt
in Sesam gewälzt, Kümmel verlegt
oder Mohn gerollt
wird jeder Wille schwach
und darf bei Familientreffen
zu dritt, zu viert
bestimmt nicht fehlen!

# *Wenig Ei und viel Fisch*

## Empfindlich' Ei, doch so robust!

Im kühlen Grund
schwimmt unablässig
ein Auge dunkelgelb
vor sich hin.

Geschützt im Kalkhaus
fest verschlossen
vor des Feindes
pickenden Raubzügen
pflegt Dotter eiweißgebunden
Geborgenheit
im großen Stil.

Auch durch Schütteln
nicht aus der Ruhe
zu bringen
verliert er erst
zwischen zischend' Kochblasen
seinen trinkenden Halt.

Als festes Ganzes dann
wird ihm
Hab und Gut entrissen
und bekräutert nun
in feuchte Mundhöhlen
genüßlich geschoben.

## Gesunde Seemannskost

Nun tauche ich
meist tiefsinnig
nach Schätzen aus dem Meer.

Hab Heringe, Aal, Lachse
und Hecht gefangen
sie an Küstens Ufer gezogen
und auch
Miesmuscheln freudig Garnelen
springen mir lustig
entgegen.

Im Rollmopsglas
viel Sardinendosen nun verschweißt
stehen sie stramm
in Öl ertränkt und
Tomatensud gelegt
auch scharfe Senfsauce
geduckt
neben ein Maß Bier
und krachend' Knäckebrot.

# Weinmelodien

## Romantisches Weinlied

An deiner Quelle
sprudelnd
werde ich schöpfen
lieblich' Trunk
dein zuckersüßes Auge vergeß'
ich nicht
wohlig perlend' Geschmack mir
bleibt in Erinnerung.

Verführtest Götter
und mächtige Helden
des Himmels und auf Erden
bei ihren Rauschgelagen
wurdest auf Schiffen
transportiert, beschützt
verladen
und nistest dich in Träume
schöner Jünglinge ein.

## Mehr vom Roten!

Immer zugegen
trifft flaschenweise Bordeaux
auf allen Feiern
und Feten
den richtigen Ton.

Ausgeschenkt
im Goldkelch gleich
wechselt er im getäfelten
Saal
bei Tanz
die Seiten und im Geruch
wohlmundig abgerundet
meisterhaft
verzückt er Frauenhaar und
gutsituierten Herrengriff.

## Eine Weinprobe

Einen Riesling, gar Chablis
möchte ich munden
bei alljährlicher Verkostung
in des Herbstes Zeiten.

Schaumgebilde mich erwarten
teure Wasser in
allen Farben
Aromenfülle sowie Kelterschwere
und des kleinen Todes
zuckrig' Last.

Hell erleuchten sich die Blicke
die Wangen glühen
Finger brennen
und noch lang mit dir
verbunden
harrt man aus
in enger Rund'.

# Qual der Wahl

Mancher Sommelier
hat seine Last
von hunderten Weingeschichten
zu erkennen
den einen
dessen Herkunft er muß
nennen
ob aus Franken, dem
Rheingau oder treuen
Elsaßflanken.

Ist's ein halbtrocken' Weißer
trocken Rotgesicht oder
ein milder Rosé
der seinen prüfend Schlund
durchfließt
entsprechend Eindruck hinterläßt
und von ihm
im Jahrgang mit
Güte viel
besiegelt wird.

## Kleine Traube, großes Glück

Süße Wahrheit
dir du mir versprichst
meine unschuldige Traube
erzählst von saftigen
Tropfen
die zu labenden Flüssen
sich füllen.

Dein Mantel
mal hellgrün, mal heidelbeerblau
verziert mit Morgentau
deckt hohe Berge, versteckte Täler
und die Mitten darin ein.

Stehst gegossen in Gläsern
bei jeder Festlichkeit auf
Tisches Rücken
um genießend die
Menschheit zu verzücken.